AF561620

CATALOGUE

DE LA

BIBLIOTHÈQUE GUILLERMIN

DRESSÉ EN DÉCEMBRE

1888

SAINT-QUENTIN

IMPRIMERIE DE LA SOCIÉTÉ ANONYME DU *Glaneur*, PLACE DE L'HOTEL-DE-VILLE

—

1889

CATALOGUE

DE LA

BIBLIOTHÈQUE GUILLERMIN

DRESSÉ EN DÉCEMBRE

1888

SAINT-QUENTIN

Imprimerie de la Société anonyme du *Glaneur*, Place de l'Hotel-de-Ville, 33.

—

1889

Nos d'Ordre	NOMS DES AUTEURS	DÉSIGNATION DE L'OUVRAGE	Edition
		HISTOIRE FRANÇAISE	
1	**Henri Bordier et Edouard Charton**	Histoire de France depuis les temps les plus reculés jusqu'à nos jours . . . . 2 vol.	1859
2	**Henri Martin**	Histoire de France depuis les temps les plus reculés jusqu'en 1789 . . . . 17 vol.	1855
3	**A. de Lamartine**	Histoire des Girondins, édition illustrée . . 3 vol.	1865-66
4	**L. Michelant**	Faits mémorables de l'Histoire de France, précédés d'une introduction par M. de Ségur . . . 1 vol.	
5	**Général Baron Ambert**	Histoire de la Guerre 1870-1871 . . 1 vol. et Atlas.	1873
6	**Le Vicomte Walsh**	Saint-Louis et son siècle . . . . 1 vol.	1851
7	**J.-E. de Gournerie**	Histoire de Paris et de ses Monuments . . . 1 vol.	1852
8	**Comte de Saint-Aulaire**	Histoire de la Fronde. . . . . 3 vol.	1827
9	**Hardoin de Perefixe**	Histoire du roi Henri le Grand . . . . . 1 vol.	1816
10	**L'abbé Ladvocat**	Dictionnaire historique, portatif, contenant l'Histoire des Patriarches, des Princes hébreux, etc., 2 vol.	1760
11	**J. Michelet**	Histoire de la Révolution Française. . . . 9 vol.	1879
12	**J. Michelet**	Histoire de France . . . . 19 vol.	1881
13	**Pierre Zaccone**	Les Rues de Paris ou Paris chez soi (200 grav.) 1 vol.	
14	**Vte de Beaumont-Vassy**	Histoire authentique de la Commune de Paris en 1871 . . . . 1 vol.	1871
15	**Maurice de Barderey**	Dix Années d'émigration du comte de Neuilly. 1 vol.	1865
16	**Prévost-Paradol**	La France nouvelle . . . . 1 vol.	1868
17	**Taxile-Delord**	Histoire du second Empire 1848-1869. . . . 6 vol.	1869
18	**Dulaure**	Histoire de Paris. . . . . 5 vol.	1858
19	**P.-J.-B. Buchez**	Histoire de l'Assemblée Constituante. . . . 5 vol.	1846
20	**Louis Blanc**	Révolution Française 1830-1840, 2e édition . . 5 vol.	1842
21	**Chéruel**	Mémoires de Fléchier sur les grands jours d'Auvergne en 1665 . . . . 1 vol.	1856
22	**A. Thiers**	Histoire de la Révolution Française . . . . 8 vol.	1866
22bis	**A. Thiers**	Histoire du Consulat et de l'Empire . . . 21 vol.	1845
23	**A. de Lamartine**	Histoire de la Révolution Française de 1848. . 2 vol.	1859
24	**Mignet**	Histoire de la Révolution Française, depuis 1789 jusqu'en 1814, 15e édition . . . . 2 vol.	1886

Nos d'Ordre	NOMS DES AUTEURS	DÉSIGNATION DE L'OUVRAGE	Edition
		HISTOIRE FRANÇAISE (suite)	
25	**Victor Duruy**	Introduction générale de l'Histoire de France. 1 vol.	1884
26	**Victor Duruy**	Histoire de France . . . . 2 vol.	1884
27		Histoire de France, composée par Mgr le Dauphin, fils de Louis XIV . . . . 3 vol.	1821
28	**A.-A. Monteil**	Histoire des Français des divers Etats. . . 5 vol.	1853
29	**Augustin Thierry**	Récits des Temps mérovingiens . . . . . 2 vol.	1887
30	**Augustin Thierry**	Essai sur l'Histoire de la Formation et des Progrès du Tiers-Etat. . . . . 2 vol.	1853
31	**Eugène Rendu**	Les Français. Grandes Epoques, depuis les Gaulois jusqu'à nos jours. . . . . 1 vol.	1879
32	**P.-L. Jacob**	Curiosités de l'Histoire de France. Procès célèbres 1 vol.	1858
33	**Paul Lacombe**	Petite Histoire du Peuple français. . . . . 1 vol.	1882
34	**Alphonse Feillet**	La Misère au temps de la Fronde . . . . 1 vol.	1868
35	**Commines**	Mémoires de Commines. . . . . 1 vol.	1843
36	**A. Bonnemère**	Les Dragonnades sous Louis XIV. . . . . 1 vol.	1869
37	**Edouard de Barthelemi**	La Noblesse en France. . . . . 1 vol.	1858
38	**Charles Desmaze**	Le Châtelet de Paris, 1860-1862 . . . . . 1 vol.	
39	**Edouard Fournier**	Paris démoli . . . . 1 vol.	1855

Nos d'Ordre	NOMS DES AUTEURS	DÉSIGNATION DE L'OUVRAGE	Édition
		HISTOIRE GÉNÉRALE UNIVERSELLE ANCIENNE ET MODERNE.	
40		Histoire Universelle depuis le commencement du monde jusqu'à présent . . . . 125 vol.	1779
41	**des Michels**	Précis de l'Histoire du Moyen Age . . . . 1 vol.	1832
42	**Michelet**	Précis de l'Histoire Moderne. . . . . . . 1 vol.	1835
43	**Poirson et Cayx**	Précis de l'Histoire Ancienne. . . . . . . 1 vol.	1831
44	**Prévost Paradol**	Essai sur l'Histoire Universelle . . . . . . 2 vol.	1883
45	**Guizot**	Histoire de la Civilisation en Europe. . . . 1 vol.	1886
46	**F. Legeay**	Recherches Historiques sur Vaas et Lavernat. 1 vol.	1855
47	**N.-A. de Salvandy**	Vingt Mois ou la Révolution et le Parti révolutionnaire. . . . . 1 vol.	1840
48	**L. Vitet**	Histoire de Dieppe. . . . . 1 vol.	1844
49	**Michelet**	Introduction à l'Histoire Universelle. . . . 1 vol.	1843
50	**Jules Loiseleur**	Problèmes historiques . . . . 1 vol.	1867
51	**Victor Duruy**	Histoire du Moyen Age . . . . 1 vol.	1884
52	**Victor Duruy**	Histoire des Temps Modernes. . . . . . . 1 vol.	1887
53	[illegible]	Anecdotes du temps de Louis XVI . . . . 1 vol.	1863
54	**A. Hugo**	France pittoresque, ou Description générale des départements et colonies. . . . . 3 vol.	1835
55	**Eugène Hatin**	Bibliographie historique et critique de la Presse française. . . . . 1 vol.	1866
56		Réimpression de l'Ancien Moniteur, seul résumé authentique de la Révolution . . . . . 32 vol.	1863
56 bis	**De Besenval**	Mémoires de M. le Baron de Besenval, Particularités sur la Cour et les Règnes de Louis XV et Louis XVI . . . . 4 vol.	1805

Nos d'Ordre	NOMS DES AUTEURS	DÉSIGNATION DE L'OUVRAGE	Edition
		HISTOIRE FRANÇAISE MILITAIRE	
57	**A. Hugo**	France militaire. — Histoire des Armées françaises de Terre et de Mer, 1792-1833 . . . . . 5 vol.	1833
58	**Ed. D'Ault-Dumesnil**	Relation de l'Expédition d'Afrique en 1830 et Conquête d'Alger . . . . 1 vol.	1868
59		Journal Humouristique du Siège de Sébastopol par un Artilleur . . . . 2 vol.	1868
60	**A. du Casse**	Le général Arrighi de Canasova, duc de Padoue. 2 vol.	1866
61	**Général Chanzy**	La deuxième Armée de la Loire, 1870-1871. . 1 vol.	1870
62	**Général Foy**	Histoire de la Guerre de la Péninsule sous Napoléon, tableau politique et militaire des puissances belligérantes. . . . . 4 vol.	1827
62 bis	**Marquis de Ternay**	Traité de Tactique, revu et augmenté par Frédéric Koch, lieutenant d'Etat-Major . . . . . 2 vol.	1832
62 ter	**Savard**	Cours élémentaire de Fortification, rédigé en 1812. 1 vol.	1830
62 qua.	**Vice-amiral Touchard**	La Défense des Frontières maritimes. . . 10 vol.	1877
62 quin.	**Henri de Jarry de Bouffemont**	Manuel des Tirs et des Tireurs . . . . . . 1 vol.	1870

Nos d'Ordre	NOMS DES AUTEURS	DÉSIGNATION DE L'OUVRAGE	Edition
		HISTOIRE ÉTRANGÈRE	
63	**Fustel de Coulanges**	La Cité antique, Etude sur les institutions de la Grèce et de Rome . . . . 1 vol.	1880
64	**Matter**	De l'Etat moral, politique et littéraire de l'Allemagne . . . . 2 vol.	
65	**Eugène Véron**	Histoire de l'Allemagne depuis Sadowa. . . 1 vol.	1884
66	**Eugène Véron**	Histoire de la Prusse depuis la mort de Frédéric II jusqu'à Sadowa. . . . . 1 vol.	1886
67	**Guérin**	Histoire Romaine de Tite-Live, depuis l'origine de Rome jusqu'en 573. . . . . 9 vol.	1741
68	**Victor Duruy**	Histoire Romaine. . . . . 2 vol.	1850-84
69	**Comte de Ségur**	Histoire Romaine depuis la fondation de Rome jusqu'à la fin du règne de Constantin. . . 2 vol.	1858
70	**Hippolyte Babon** **Charles de Brosses**	Lettres familières écrites d'Italie en 1739 et 1740. 2 vol.	1858
71	**Jules Zeller**	Histoire résumée d'Italie depuis la chute de l'Empire romain jusqu'à la mort de Pie IX et de V. Emmanuel II. . . . . 1 vol.	1886
72	**Victor Duruy**	Histoire Sainte d'après la Bible . . . . . 1 vol.	1879
73	**L. A. Sédillot**	Histoire des Arabes . . . . 1 vol.	1854
74	**Auguste Bouchot**	Histoire du Portugal et de ses Colonies. . . 1 vol.	1854
75	**Victor Duruy**	Histoire de la Grèce Ancienne. . . . . . 1 vol.	1888
76	**Comte de Montalembert**	De l'Avenir politique de l'Angleterre. . . . 1 vol.	1857
77	**Guizot**	Histoire de la Révolution d'Angleterre depuis Charles Ier. . . . . 2 vol.	1841
78	**Augustin Thierry**	Histoire de la Conquête de l'Angleterre par les Normands. . . . . 4 vol.	1836
79	**Alphonse Esquiros**	L'Angleterre et la Vie anglaise. . . . . 1 vol.	1859
80	**A.-J. du Bosch**	La Chine contemporaine . . . . 2 vol.	1860
81	**J.-J. Ampère**	La Grèce, Rome et Dante . . . . 1 vol.	1859
82	**Camille Paganel**	Histoire de Frédéric le Grand . . . . . . 2 vol.	1847
83	**de V...**	Histoire de l'Empire de Russie sous Pierre le Grand . . . . 2 vol.	1763

Nos d'Ordre	NOMS DES AUTEURS	DÉSIGNATION DE L'OUVRAGE	Edition
		HISTOIRE ÉTRANGÈRE (suite).	
84	**Le Révérend Tooke**	Histoire de l'Empire de Russie, sous le règne de Catherine II. . . . . 6 vol.	1801
85	**Paul Mezzuau**	L'Egypte contemporaine 1840–1857 . . . . 1 vol.	1858
86	**Armand Lévy**	La Cour de Rome, le Brigandage . . . . . 1 vol.	1865
87	**Le chev. Paul Armandi**	Histoire militaire des Eléphants . . . . . . 1 vol.	1843
87 bis	Théophile Eck	Au Pays des Lunettes d'or (Strasbourg) 1 vol. (Don de l'Auteur)	1899
		HISTOIRE LOCALE	
		(Numérotation spéciale)	
1	Victor de Beauvillé	Recueil de documents inédits concernant la Picardie 4 vol.	1861
2	J.F.L. Devisme	Histoire de la Ville de Laon 2 vol.	1822
3	Ch. Gomart	Essai historique sur la Ville de Ribemont 1 vol.	1869
4	Ch. Gomart	Ham, son château et ses prisonniers 1 vol.	1864
5	C. Perrin	Recherches bibliographiques sur le Départ^{nt} de l'Aisne 2 vol.	1867
6	abbé Cholet	Un serment mal gardé ou Villers-Cotterêts et ses environs 1 vol.	1853
7	A. Ognier	Notice historique sur Gouy et le Catelet 1 vol.	1864
8	C. Picard	Saint-Quentin, son commerce etc., 2 vol.	1867
9	P. Bénard	Collégiale de Saint-Quentin 1 vol.	1867
10	Ch. Poette	Histoire d'Holnon 1 vol (Don de l'Auteur)	1885

Nos d'ordre	NOMS DES AUTEURS	DÉSIGNATION DE L'OUVRAGE	Edition
11	Ch. Poette	Origine du nom des Rues et Places de St Quentin 1 vol. (Don de l'Auteur)	1891
12	Ate Matton	Dictionnaire topographique du Départnt de l'Aisne 1 v.	1871
13	Théophile Eck	Les deux Cimetières Gallo-Romains, Vermand, St Quentin 1 v.	1891
14	id	St Quentin dans l'antiquité et au moyen âge 1 vol.	1894
15	id	Le Cimetière Mérovingien de Templeux-la-Fosse (somme) 1 vol.	1881
16	id	Le Cimetière Mérovingien de Moislain (somme) 1 vol.	1892
17	id	Le Cimetière Franc de Lucy-Ribemont 1 vol.	1893
18	id	Les Fouilles de la Place de l'Hôtel-de-Ville à St Quentin 1 vol. (Dons de l'Auteur)	1894
19	A. Bertin	Notice manuscrite sur l'Ouragan de neige du 5 mars, avec photographies (Don de l'Auteur)	1898
20	Théophile Eck	Exploration d'anciennes sépultures dans l'Aisne 1 vol. (Don de l'Auteur)	1898
21	H. Bouchot et Ed Lemaire	Le Livre Rouge de l'Hôtel-de-Ville 2me fascicule 1 vol.	1881
22	Emmanuel Lemaire	Archives anciennes de la Ville de St Quentin 1076-1328 1 v.	1888

Nos d'Ordre	NOMS DES AUTEURS	DÉSIGNATION DE L'OUVRAGE	Edition
		HISTOIRE ECCLESIASTIQUE	
88	**L'abbé Fleury**	Histoire Ecclésiastique. . . . . 36 vol.	1722
		BIOGRAPHIE	
89	**Plutarque**	Les Vies des Hommes illustres . . . . . 4 vol.	
90	**Mis Eugène de Lonlay**	Anacréon. — Sa Vie et ses Œuvres . . . . 1 vol.	1868
91	**Henri de Montegremart**	Charlotte Corday. . . . . 1 vol.	1862
92	**Armand Lebailly**	Hégésippe Moreau . . . . 1 vol.	1863
93		Henri Regnault, 1843-1871 . . . . 1 vol.	1871
94	**Joinville**	Mémoires de Jean, sire de Joinville ou Histoire de Saint Louis, roi de France. . . . . 1 vol.	1867
95	**Joinville**	Histoire de Saint Louis. . . . . 1 vol.	1883
96	**H. Corne**	Le Cardinal de Richelieu . . . . 1 vol.	1882
97	**B. Hauréau**	Charlemagne et sa Cour . . . . 1 vol.	1888
98	**Bazot**	Eloges Historiques de l'abbé de l'Epée . . . 1 vol.	1819
99	**le Baron Ernouf**	Histoire de Trois Ouvriers français. . . . 1 vol.	1881
100	**Edouard Charton**	Histoire de Trois pauvres Enfants, 1 Français, 1 Anglais, 1 Allemand. . . . . 1 vol.	1885
101	**Emile Jouveaux**	Histoire de Quatre Ouvriers anglais. . . . 1 vol.	1885
102	**Adolphe Badin**	Jean Bart . . . . 1 vol.	1888
103	**Adolphe Badin**	Dugay Trouin. . . . . 1 vol.	1885
104	**Emile de Bonnechose**	Lazare Hoche. . . . . 1 vol.	1881
105	**Emile de Bonnechose**	Bertrand Du Guesclin, connétable de France et de Castille . . . . 1 vol.	1884
106	**Alphonse Feillet**	Histoire du gentil seigneur de Bayart . . . 1 vol.	1877
107	**Alfred Lebouchère**	Oberkampf 1738-1815. . . . . 1 vol.	1884
108	**A. de Lamartine**	Jeanne d'Arc . . . . 1 vol.	1881
109	**Eug. de Mirecourt**	Masaniello, le Pêcheur de Naples. . . . . 1 vol.	1873
110	**Bernard de Palissy**	Guillaume Tell . . . . 1 vol.	1883
111	**A. de Lamartine**	Jacquard. — Gutenberg. . . . . 1 vol.	1884
112	**A. de Lamartine**	Toussaint Louverture . . . . 1 vol.	1870

Nos d'Ordre	NOMS DES AUTEURS	DÉSIGNATION DE L'OUVRAGE	Edition
		BIOGRAPHIE (suite)	
113	**A. de Lamartine**	Christophe Colomb . . . . 1 vol.	1886
114	**Alfred Delvau**	Gérard de Nerval. . . . . 1 vol.	1865
115	**Anatole France**	Alfred de Vigny. . . . . 1 vol.	1868
116	**Timon**	Livre des Orateurs. — 27 portraits acier. . 1 vol.	1842
117	**R. A. Heurion**	Annuaire biographique, contenant toutes les Biographies des Hommes célèbres . . . . 1 vol.	1834
118	**Alfred Dantès**	Dictionnaire biographique des Hommes les plus remarquables dans les Lettres et les Sciences. . 1 vol.	1875
119	**Le Dr Hœfer**	Nouvelle Biographie universelle depuis les temps les plus reculés. . . . . 46 vol.	1852
119 bis	Dacier	Les Vies des hommes illustres de Plutarque. 13 vol.	1811
119 ter	Charles Magnier	Mme de Pompadour et De la Tour. Opuscule (don de l'auteur).	1904

N^os d'Ordre	NOMS DES AUTEURS	DÉSIGNATION DE L'OUVRAGE	Edition
		GÉOGRAPHIE	
120	**Elisée Reclus**	Nouvelle Géographie Universelle. . . . 13 vol.	1876
121	**Adolphe Joanne**	Géographie statistique des Départements de la France . . . . 8 vol.	1869
122	**E. Cortambert**	Géographie agricole et industrielle de la France et de ses Colonies. . . . . 1 vol.	1868
123	**Gustave Heuzé**	La France agricole. — Région du Sud-Ouest. 1 vol.	1868
124	**Adolphe Joanne**	Petit Dictionnaire géographique de la France. 1 vol.	1880

N^os d'Ordre	NOMS DES AUTEURS	DÉSIGNATION DE L'OUVRAGE	Edition
		VOYAGES	
125		Histoire des Voyages autour du Monde. . . 2 vol.	
126	**Thomas Baines**	Voyage dans le Sud-Ouest de l'Afrique. . . 1 vol.	1868
127	**Achille Poussielgue**	Voyage en Chine et en Mongolie de M. et Mme Bourboulon . . . . 1 vol.	1866
128	**C. S. Sonnini**	Voyage dans la haute et basse Egypte. - Un Atlas 3 vol.	1798
129	**C. E. de Kératry**	La Contre-Guérilla française au Mexique . . 1 vol.	1868
130	**Madji-abd'el-Hamid-Bey, L. du Couret**	Les Mystères du Désert, voyages en Asie et en Afrique . . . . 2 vol.	1859
131	**J. Belin de Launay**	Les Sources du Nil . . . . 1 vol.	1867
132	**Elie Sorin**	Suez. — Histoire de la Jonction des deux mers. — 2 cartes et plans. . . . . 1 vol.	1870
133	**Desborough Cooley**	Histoire générale des Voyages de découvertes, depuis le commencement du monde . . . . . 2 vol.	1840
134	**Le marquis de Moges**	Souvenirs d'une Ambassade en Chine et au Japon 1857-1858 . . . . 1 vol.	1860
135	**Richard Cortamber**	Impressions d'un Japonais en France . . . 1 vol.	1864
136	**Marc Monnier**	Pompéi et les Pompéiens . . . . 1 vol.	1865
137	**Ernest Desplaces**	Le Canal de Suez. . . . . 1 vol.	1858
138	**Bénédict-Henry Révoil**	Pêches dans l'Amérique du Nord. . . . . . 1 vol.	1878
139	**Châteaubriand**	Itinéraire de Paris à Jérusalem, notes sur la Grèce, etc. . . . . 2 vol.	1844
140		La Mine d'Ivoire . . . . 1 vol.	1853
141	**Louis Viardot**	Tarass Boulba de Nicolas Gogol . . . . . 1 vol.	1853
142	**Eugène Guinot**	Itinéraire du Chemin de fer de Paris à Bruxelles. — Embranchement de Creil à Saint-Quentin. 1 vol.	1853
143	**Dr Hutin** **Dr Bottentuit**	Guide des Baigneurs aux eaux de Plombières. 1 vol.	1877
144	**de Troil, évêque**	Lettres sur l'Islande. . . . . 1 vol.	1781
145	**Dr Henri Barth**	Voyages et découvertes dans l'Afrique septentrionale et centrale 1849-1855. . . . . 4 vol.	1861
146		Voyage en France par une société d'artistes et de gens de lettres . . . . 4 vol.	1792

Nos d'Ordre	NOMS DES AUTEURS	DÉSIGNATION DE L'OUVRAGE	Edition
		VOYAGES (suite)	
147		Voyage du jeune Anacharsis en Grèce dans le 4e siècle . . . . 7 vol.	1789
148	**F.-B. de Marcey**	Souvenirs et Récits de Voyages. — Les Alpes. 1 vol.	1857
149		Voyage en Islande . . . . 5 vol.	1802
150	**Elysée Reclus**	Voyage à la Sierra-Névada. . . . . 1 vol.	1861
151	**Mme Léonie d'Aunet**	Voyage d'une femme au Spitzberg . . . . 1 vol.	1885
152	**L. Simonin**	Les Pays lointains . . . . 1 vol.	1867
153	**F. de Lanoye**	La Mer Polaire . . . . 1 vol.	1878
154	**F. de Lanoye**	Les grandes Scènes de la Nature d'après les écrivains célèbres. . . . . 1 vol.	1878
155	**Arminius Vambéry**	Voyage d'un faux Derviche dans l'Asie centrale. 1 vol.	1884
156	**Henri Mouhot**	Voyages dans les royaumes de Siam, du Cambodge, etc. . . . . 1 vol.	1882
157	**A. Hervé** **F. de Lanoye**	Voyage dans les Glaces du Pôle arctique. . . 1 vol.	1884
158	**F. de Lanoye**	La Sibérie . . . . 1 vol.	1879
159	**G. Catlinet** **F. de Lanoyé**	La Vie chez les Indiens. . . . . 1 vol.	1881
160	**David et Charles Livingstone**	Exploration dans l'Afrique australe et dans le Bassin du Zambère . . . . 1 vol.	1888
161	**Daniel de Foë**	La Vie et les Aventures de Robinson Crusoé . 1 vol.	1886
161	**Swift**	Voyages de Gulliver à Lilliput, etc. . . . . . 1 vol.	1881

Nos d'Ordre	NOMS DES AUTEURS	DÉSIGNATION DE L'OUVRAGE	Édition
		COMMERCE ET INDUSTRIE	
		Encyclopédie Roret	
161	**Morin**	Amidonnier et Vermicellier. . . . . 1 vol.	1855
162	**A.-O. Paulin-Désormeaux**	Armurier, Fourbisseur. . . . . 2 vol.	1852
163	**Lacroix, Hogard, etc.**	Arpentage — Bornage . . . . 1 vol.	
164	**A.-D. Vergnaud**	Artificier — Pyrotechnie. . . . . 1 vol.	1865
165	**A.-D. Vergnaud**	Astronomie amusante . . . . 1 vol.	1844
166	**Julia de Fontenelle**	Blanchiment — Dégraissage . . . . . . 2 vol.	1855
167	**F. Malepeyre**	Bougies. . . . . 2 vol.	1869
168	**J. Fontenelle**	Boulanger. . . . . 2 vol.	1872
169	**Lebrun**	Bourrelier-Sellier. . . . . 1 vol.	1860
170	**Jules Pautet**	Blason . . . . 1 vol.	1843
171	**F. Malepeyre**	Brasseur . . . . 2 vol.	1869
172	**Mme Celnart**	Broderie. . . . . 1 vol.	1840
173	**Maigne**	Caoutchouc-gutta-percha . . . . 2 vol.	1880
174	**Lebrun et Maigne**	Charcutier, Boucher, etc. . . . . 1 vol.	1869
175	**Lebrun**	Cartonnier. . . . . 1 vol.	1845
176	**J. Fontenelle, etc.**	Chamoiseur — Maroquinier, etc . . . . . 1 vol.	1876
177	**Lenormand et Malepeyre**	Chandelier et Cirier . . . . 2 vol.	1870
178	**F. et J. de Fontenelle**	Chapeaux . . . . 1 vol.	
179	**Biston, etc.**	Charpentier. . . . . 2 vol.	1879
180	**Jullien et Valério**	Chaudronnier. . . . . 1 vol.	1873
181	**Jean Garnier**	Ciseleur. . . . . 1 vol.	1859
182	**F. Malepeyre**	Colles . . . . 1 vol.	1876
183	**Riffaut, etc.**	Couleurs . . . . 2 vol.	1884
184	**Villaret**	Coiffeur . . . . 1 vol.	
185	**Allain**	Dessin linéaire . . . . 1 vol.	1854
186	**Lebrun, etc.**	Ferblantier, lampiste. . . . . 1 vol.	1883
187	**Smée et E. de Valicourt**	Galvanoplastie. . . . . 2 vol.	1854
188	**M. R. L.**	Gardes nationaux de France. . . . . . . 1 vol.	
189	**Persegol**	Horloger rhabilleur . . . . 1 vol.	1882

Nos d'Ordre	NOMS DES AUTEURS	DÉSIGNATION DE L'OUVRAGE	Edition
		COMMERCE ET INDUSTRIE	
		Encyclopédie Roret (suite)	
190	**D. Magnier**	Huiles minérales. . . . . 1 vol.	1867
191	**Maigne**	Laiterie. . . . . 1 vol.	1885
192	**Toussaint, Magnier, etc.**	Maçon, Caneleur, etc. . . . . 1 vol.	1882
193	**Biston, etc.**	Mécanicien — Fontainier . . . . 1 vol.	1882
194	**Nosban-Maigne**	Menuisier — Layetier . . . . 2 vol.	1882
195	**Lebrun, etc.**	Mouleur en plâtre. . . . . 1 vol.	1887
196	**Boitard**	Naturaliste. . . . . 1 vol.	1835
197	**Magnier**	Porcelaine . . . . 2 vol.	1864
198	**Biston, etc,**	Pompes (fabricant de) . . . . 1 vol.	1881
199	**Ardenni, etc.**	Poêlier-Fumiste . . . . 1 vol.	1883
200	**Romain**	Plombier-Zingueur . . . . 1 vol.	1883
201	**Dr Fan et Chevalier**	Physicien-préparateur . . . . 2 vol.	1853
202	**Vergnaud**	Perspective . . . . 1 vol.	1881
203	**Duménil**	Peinture d'Histoire Naturelle . . . . . . 1 vol.	1859
204	**Arsenne, etc.**	Peintre d'Histoire . . . . 1 vol.	1858
205	**Riffaut, etc.**	Peintre en bâtiments. . . . . 1 vol.	1882
206	**Maigne**	Pelletier-fourreur. . . . . 1 vol.	1881
207	**Pradal**	Parfumeur. . . . . 1 vol.	1873
208	**Julia de Fontenelle**	Papetier-Régleur. . . . . 1 vol.	1854
209	**Eug. Lormé**	Savonnier . . . . 1 vol.	1884
210	**Paulin, etc.**	Serrurier . . . . 1 vol.	1886
211	**Lacombe**	Sculpture sur Bois . . . . 1 vol.	1886
212	**Zoéga**	Fabricant de sucre et raffineur. . . . . . 1 vol.	1868
213	**Maigne**	Tanneur-corroyeur, etc. . . . . 2 vol.	1883
214	**Riffaut, etc.**	Teinturier, Apprêteur. . . . . 2 vol.	1880
215	**Ch. Etienne, etc.**	Terrassier . . . . 1 vol.	1870
216	**Paulin Désormeaux, etc.**	Tonnelier. — Jaugeage . . . . 1 vol.	1870
217	**E. de Valicourt**	Tourneur . . . . 3 vol.	1872

Nos d'Ordre	NOMS DES AUTEURS	DÉSIGNATION DE L'OUVRAGE	Edition
		COMMERCE ET INDUSTRIE	
		Encyclopédie	
218	**A. Guettier**	Le Menuisier modeleur mécanicien. . . . . 1 vol.	1886
219	**Watin, etc.**	Art du Peintre doreur et vernisseur. . . . 1 vol.	
220	**Dubief**	Traité de la Fabrication des Liqueurs sans distillation . . . . 1 vol.	
221	**Henry Violette**	Guide pratique de la fabrication des Vernis. . 1 vol.	
222	**A. Prouteaux**	Guide pratique de la fabrication du Papier. . 1 vol.	
223	**N. Basset**	Culture et alcoolisation de la Betterave. . . 1 vol.	
224	**L. Pernot, etc.**	Guide pratique du Constructeur. . . . . 1 vol.	
225	**Paul Poiré**	Simples Lectures sur les principales Industries 1 vol.	1882
226	**Paul Leguidre**	Premiers éléments d'Industrie manufacturière. 1 vol.	1887
227	**F. Verdeil**	De l'Industrie moderne. . . . . 1 vol.	1861
228	**Edouard Fournier**	Le Vieux-Neuf. . . . . 2 vol.	1859
229	**Mel Alcan**	Traité du travail des Laines, etc. Notions historiques. . . . . 1 vol.	1873
230	**S.-F. Thomas**	Etudes sur les Tulles et les Dentelles . . . 1 vol.	1886
231	**Mel Alcan**	Traité de la filature du Coton. . . . . . 1 vol.	1875
232	**Descoster et Ch. Coquelin**	Nouveau Traité complet de la filature du Lin et du Chanvre . . . . 1 vol.	1846
233	**D. Kœppelin**	Guide de la fabrication des Tissus imprimés. 1 vol.	
234	**Mme Cécile Regnard**	Manuel de travaux à l'Aiguille. . . . . . 1 vol.	1881
235	**T. Bona**	Traité de Tissage. . . . . 1 vol.	
236	**Pierre Flamme**	Guide du Constructeur d'Appareils de Chauffage, etc. . . . . 1 vol.	1864
237		Distilleries agricoles du système Kessler . . 1 vol.	1860
238		L'Exposition de 1867. . . . . 1 vol.	1868
239	**Courcelles-Seneuil**	Manuel des Affaires. . . . . 1 vol.	
240	**Turgan**	Les grandes Usines de France au XIXe siècle. 5 vol.	1860
241	**Is. Schmoll**	Traité pratique des Brevets d'Invention, Dessins, etc. . . . . 1 vol.	1867
242	**Wantzell et Joseph Garnier**	Traité complet d'Arithmétique théorique recueil de problèmes avec les solutions. . . . . . . 1 vol.	1861

Nos d'Ordre	NOMS DES AUTEURS	DÉSIGNATION DE L'OUVRAGE	Edition
		COMMERCE ET INDUSTRIE	
		Encyclopédie	
243	**Edmond de Granges**	La Tenue des Livres. . . . . 1 vol.	1864
244	**Edmond de Granges**	La Tenue des Livres. — Nouveau cours. . . 1 vol.	1880
245	**Courcelles-Seneuil**	Traité théorique et pratique des Opérations de Banque . . . . 1 vol.	1876
246	**Schneider**	Traité pratique de Comptabilité. . . . . 1 vol.	1862
247	**Samuel Clegg**	Traité pratique de la fabrication et de la distribution du Gaz d'éclairage. . . . . 1 vol.	1860
248	**D. Guilmart**	Le Carnet n° 5, Sculpture de Fantaisie. . . 1 Album.	
249	**Léon de Rosny**	Traité de l'Education des Vers à soie. . . . 1 vol.	1868
250	**Deleschamps**	Livre du Brasseur. . . . . 1 vol.	
251	**Delmas-Azéma**	De l'Eclairage. . . . . 1 vol.	1886
251 bis	Perdonnet	Traité des Chemins de Fer . . . 4 vol.	1865
251 ter	Graeff	Construction des Canaux et Chemins de Fer 1 vol. et atlas	
251 quat	Fd de Lesseps	Percement de l'Isthme de Suez	
251 quint	Jules Lan	Les Chemins de fer Français devant leurs juges naturels 1 vol.	1867

N°s d'Ordre	NOMS DES AUTEURS	DÉSIGNATION DE L'OUVRAGE	Edition
		AGRICULTURE	
		HORTICULTURE, CHASSE, PÊCHE	
252	**Mathieu de Dombasle**	Calendrier du bon Cultivateur. . . . . . 1 vol.	1877
253	**Eugène Gayot**	Guide pratique pour le bon aménagement des habitations des animaux. . . . . 1 vol.	1881
254	**EugèneGayot**	Ecuries et étables. . . . . 1 vol.	
255	**Benjamin Viret**	Précis d'Agronomie pratique . . . . 1 vol.	1846
256	**Pouriau**	Elément des Sciences physiques . . . . . 1 vol.	
257	**Auguste Jourdin**	Le Matériel agricole . . . . 1 vol.	1856
258	**A. Ysabeau**	Leçons élémentaires d'agriculture. . . . . 1 vol.	1857
259	**J. Décousir**	Partage des Terrains . . . . 1 vol.	
260	**Place et Foucart**	Livre de l'Arpenteur-Géomètre . . . . . . 1 vol.	
261	**P.-G. Guy**	Guidepratiquedu Géomètre-Arpenteur, 183 fig. 1 vol.	
262	**F.-V. Raspail**	Le Fermier Vétérinaire . . . . 1 vol.	
263	**Calemar de la Fayette**	Peau de Bique. . . . . 1 vol.	1881
264	**Jules Duval**	Notre Pays. . . . . 1 vol.	1881
265	**F. Malézieux**	Etudes agricoles sur la Grande-Bretagne . . 1 vol	1881
266	**Lefour**	Culture genérale et Instruments aratoires . . 1 vol.	
267	**A. Sanson**	Notions de Médecine Vétérinaire . . . . . . 1 vol.	1885
268	**O. Joigneaux**	Les Champs et les Prés. . . . . 1 vol.	1888
269	**Mme Millet-Robinet**	Basse-Cour, Pigeons et Lapins. . . . . . . 1 vol.	1887
270	**Schwerz**	Manuel de l'Agriculteur commençant . . . 1 vol.	
271	**André Sanson**	La Maréchalerie . . . . 1 vol.	1882
272	**Eug. Gayot**	Les Lapins, lièvres, etc. . . . . 1 vol.	1887
273	**Magne**	Choix des Vaches laitières . . . . 1 vol.	1887
274	**E. Gayot**	Poules et Œufs . . . . 1 vol.	1888
275	**E. Gayot**	Achat du Cheval . . . . 1 vol.	
276	**Lefour**	Les Animaux domestiques. . . . . 1 vol.	1881
277	**Marquis de Dampierre**	Races bovines de France, d'Angleterre, etc. . 1 vol.	
278	**Vial**	Engraissement du Bœuf . . . . 1 vol.	1887
279	**A. Puton**	L'Aménagement des Forêts . . . . 1 vol.	1867
280	**O. Joigneaux**	Conférencessur le Jardinageet les Arbres fruitiers, 1 v.	

Nos d'Ordre	NOMS DES AUTEURS	DÉSIGNATION DE L'OUVRAGE	Edition
		AGRICULTURE HORTICULTURE, CHASSE, PÊCHE (suite)	
281	**André Lefèvre**	Les Parcs et les Jardins. . . . . 1 vol.	1882
282	**Courtois-Gérard**	Manuel de Culture maraîchère . . . . . 1 vol.	
283	**Courtois-Gérard**	Manuel pratique de Jardinage. . . . . . . 1 vol.	
284	**Mabille**	Le Propriétaire paysagiste. . . . . 1 vol.	1869
285	**Victor Meunier**	Les grandes Chasses. . . . . 1 vol.	1883
286	**Joseph Lavallée**	La Chasse à Courre en France. . . . . . . 1 vol.	1859
287	**Joseph Lavallée**	La Chasse à Tir en France. . . . . 1 vol.	1873
288	**Victor Meunier**	Les Grandes Pêches. . . . . 1 vol.	1878
288 1	André Leroy	Dictionnaire de Pomologie . . . 6 vol.	1867
288 2	Ch[les] Baltet	L'Art de Greffer . . . . . 1 vol.	1888
288 3	Vilmorin-Andrieux et Cie	Les Fleurs de pleine terre . . 1 vol.	1894
288 4		Le Nouveau Jardinier illustré 1 vol.	1899

Nos d'Ordre	NOMS DES AUTEURS	DÉSIGNATION DE L'OUVRAGE	Edition
		SCIENCES ET ARTS, BEAUX-ARTS	
289	**Louis Viardot**	Les Musées de France. . . . . 1 vol.	1860
290	**Louis Viardot**	Les Musées d'Italie. . . . . 1 vol.	1855
291	**Louis Viardot**	Les Musées d'Allemagne . . . . 1 vol.	1855
292	**Silvain Maréchal**	Costumes civils de tous les Peuples. . . . 4 vol.	
293	**Giorgio Vasari**	Vies des Peintres, Sculpteurs et Architectes. 10 vol.	1842
294	**Félix Clément**	Histoire abrégée des Beaux-Arts chez tous les Peuples. . . . . 1 vol.	1887
295	**Fernand Bournon**	Paris Histoire, Monuments. . . . . . . 1 vol.	1888
296	**Bürger**	Salons de T. Thoré. . . . . 1 vol.	1868
297	**Emile Molle et Dr Lubke**	Précis de l'Histoire des Beaux-Arts. . . . 1 vol.	1885
298	**Th. Gautier**	Les Beaux-Arts en Europe (1re série) . . . 1 vol.	1855
299	**Th. Gautier**	Les Beaux-Arts en Europe (2e série) . . . 1 vol.	1856
300	**Bürger**	Les Trésors d'Arts en Angleterre . . . . . 1 vol.	1865
301	**F.-J. Fétis**	Histoire générale de la Musique . . . . . 5 vol.	1876
302	**A.-L. Malliot**	La Musique au Théâtre. . . . . 1 vol.	1863
303	**Paul Mary de Toyon**	La Musique en 1865-66. . . . . 1 vol.	
304	**Félix Clément**	Les Musiciens célèbres depuis le XVIe siècle. . 1 vol.	1889
305	**J. Goujon**	Salon de 1870. — Propos en l'air. . . . . 1 vol.	
306	**Vaffier**	Histoire de la Statuaire antique. . . . . . 1 vol.	
307	**Maxime du Camp**	Le Salon de 1861. . . . . 1 vol.	1867
308	**Gourdon de Genouillac**	Les Mystères du Blason. . . . . 1 vol.	1868
309		Le tombeau de Wateau à Nogent-sur-Marne . 1 vol.	1865
310	**Alfred Capelli**	Petit Abrégé d'Archéologie. . . . . 1 vol.	1869
311	**H. Delmas-Azéma**	Etude sur les Nappes d'Eau du sous-sol de Saint-Quentin . . . . 1 vol.	1888
311 bis	Ch. Laboulaye	Dictionnaire des Arts et Manufactures. 4 vol	1886
311 ter	F. Birot	Guide pratique du Conducteur des Ponts-et-Chaussées 2 vol.	
311 quater	Gustave Haller	Dix ans de Peinture (don de l'Auteur) . . . 2 vol.	1902

Nos d'Ordre	NOMS DES AUTEURS	DÉSIGNATION DE L'OUVRAGE	Edition
		ARCHITECTURE	
312	**Daniel Ramée**	L'Architecture et la Construction pratique. . 1 vol.	1868
313	**André Lefèvre**	Les Merveilles de l'Architecture. . . . . . . 1 vol.	1884
314	**E. Brune**	Cours de Construction. . . . . 1 vol.	1888
315	**Barozzio de Vignole**	Vignole centésimal ou les Règles des Ordres d'Architecture . . . . 1 vol.	1842
316	**Ernest Bosc**	Dictionnaire d'Architecture et des Sciences et Arts qui s'y rattachent. . . . . 4 vol.	1880
317	**Charles Blanc**	Grammaire des Arts du Dessin, Architecture, etc. 1 vol.	1888
318	**J. Boussard**	L'Art de Bâtir sa Maison. . . . . 1 vol.	
319	**Alphand et le baron Ernouf**	L'Art des Jardins. . . . . 1 vol.	
320	**Owen Jones**	Grammaire de l'Ornement illustrée. . . . 1 vol.	
321	**Belidor**	La Science des Ingénieurs. — Travaux de Fortifications et d'Architecture civile. . . . . 1 vol.	1729
321bis		Collection Lithographique. Plans de Ponts mobiles, Routes, Machines, etc. . . . . . 5 vol.	
321ter	Echenoz	Cours pratique de Coupe des Pierres. 1 vol	
321quart	Cornu	Guide pratique pour l'étude et l'exécution des constructions en fer	

N^os d'Ordre	NOMS DES AUTEURS	DÉSIGNATION DE L'OUVRAGE	Édition
		MÉDECINE	
322	**E. Bouchut et Armand Després**	Dictionnaire de Médecine et Thérapeutique médicale . . . . 1 vol.	1883
323	**A. Nélaton**	Eléments de Pathologie chirurgicale. . . . 5 vol.	1859
324	**Dr B. Béraud**	Eléments de physiologie de l'homme. . . . 2 vol.	1857
325	**E. Bouchut**	Nouveaux Eléments de pathologie générale . 1 vol.	1875
326	**Alibet, Barbier, etc.**	Encyclopédie des Sciences médicales. . . . 1 vol.	1834
327	**Lieutaud**	Essais anatomiques . . . . 1 vol.	1742
328	**Dr Daremberg**	Hippocrate. . . . . 1 vol.	1843
329	**A. Valpeau et Béraud**	Manuel d'Anatomie Chirurgicale générale . . 1 vol.	1862
330	**A. Jamain**	Manuel de petite Chirurgie illustrée. . . . 1 vol.	1885
331	**Claude Bernard**	Leçons de Physiologie opératoire. . . . . 1 vol.	1879
332	**Rosiau**	Médecine pratique populaire . . . . . . 1 vol.	1839
333	**A. Bouchardat**	Manuel de Matières médicales. . . . . . 2 vol.	1873
334	**A. Debay**	Histoire Naturelle de l'Homme et de la Femme. 1 vol.	1858
335	**Flourens**	De la Longévité Humaine . . . . 1 vol.	1886
336	**A. Debay**	Hygiène alimentaire. . . . . 1 vol.	
337	**Dr Guyétan**	L'Age de Retour et la Vieillesse, Conseils . . 1 vol.	1870
338	**Dr Noirot**	L'Art de vivre longtemps . . . . 1 vol.	1868
339	**Arthur Chevalier**	L'Art de conserver la Vue . . . . 1 vol.	1869
340	**A. Bouchardat et Vignardon**	Nouveau Formulaire Vétérinaire et Notions de Pharmacie . . . . 1 vol.	1886
340 bis	Hercule Straus-Durckeim	Anatomie descriptive et comparative du Chat. 2 vol. et Album (Don de M. Hérouard-Demamet)	1845

Nos d'Ordre	NOMS DES AUTEURS	DÉSIGNATION DE L'OUVRAGE	Edition
		MATHÉMATIQUES	
341	**H. Sonnet**	Dictionnaire des Mathématiques appliquées . 1 vol.	1884
342	**H. Sonnet**	Problèmes et Exercices d'Arithmétique et d'Algèbre, 2 v.	1858
343	**H. Sonnet**	Géométrie théorique et pratique . . . . . 2 vol.	1887
344	**J. Adhémar**	Traité de Géométrie et de Trigonométrie . . 1 vol.	1880
345	**J. Adhémar**	Traité de Géométrie descriptive . . . . . . 1 vol.	1887
346	**J. Adhémar**	Traité de Perspective linéaire. . . . . . . 1 vol.	1880
347	**J. Adhémar**	Traité des Ombres . . . . 1 vol.	1874
348	**J. Adhémar**	Traité de Charpente. . . . . 1 vol.	1873
349	**H. Sonnet**	Algèbre élémentaire, Applications. . . . . 1 vol.	1874
350	**A.-M. Legendre**	Eléments de Géométrie avec des notes . . . 1 vol.	1840
351	**A. Guilmin**	Cours de Mathématiques appliquées. . . . 1 vol.	1883
352	**Chevallier et Müntz**	Problèmes de Mathématiques avec leurs solutions, 1 v.	1872
353	**Sonnet**	Premiers éléments de Mécaniques . . . . 1 vol.	1878
354	**Sonnet**	Premiers éléments d'Algèbre . . . . . . 1 vol.	1872
355	**S.-F. Lacroix**	Traité élémentaire de Trigonométrie. . . . 1 vol.	1852
355 bis	Navier	Leçons d'Analyse données à l'École Polytechnique. 2 vol.	1840
355 ter	id	Leçons de Mécanique données à l'École Polytechnique 2 vol	1840

Nos d'Ordre	NOMS DES AUTEURS	DÉSIGNATION DE L'OUVRAGE	Edition
		CHIMIE ET PHYSIQUE	
356	**Fourcroy**	Système des Connaissances Chimiques. — Applications . . . . 10 vol.	1800
357	**Lavoisier**	Traité élémentaire de Chimie. . . . . . . 1 vol.	1783
358	**H. Payen**	Précis de Chimie Industrielle. . . . . . 3 vol.	1877
359	**Isidore Pierre**	Chimie Agricole . . . . 1 vol.	
360	**F. Malaguti**	Leçons de Chimie Agricole. . . . . 1 vol.	1856
361	**Alfred Riche**	Manuel de Chimie Médicale et Pharmaceutique 1 vol.	1881
362	**Regnault**	Cours Elémentaire de Chimie. . . . . . . 4 vol.	1859
363	**Privat Deschanel**	Traité Elémentaire de Physique. . . . . 1 vol.	1869
364	**Ch. Brisse et Ch. André**	Nouveau Cours de Physique, 616 fig. . . . 1 vol.	1887
365	**Achille Cazin**	Les Forces Physiques. . . . . 1 vol.	1881
366	**Achille Cazin**	La Chaleur. . . . . 1 vol.	1881
367	**Boutet de Monxel**	Notions Elémentaire de Physique . . . . 1 vol.	1881
368	**Bouchardat**	Physique Elémentaire avec Applications . . 1 vol.	1851
369	**Bouchardat**	Physique Elémentaire avec Applications . . 1 vol.	1845
370	**Th. Schwartze**	Le Téléphone, le Microphone et le Radiaphone 1 vol.	1885
371	**G. Fournier**	Les Sonneries électriques. . . . . 1 vol.	1888
372	**W. Ph. Hauck**	Les Piles électriques et Accumulateurs . . . 1 vol.	1885
373	**Juppont et Hammont**	L'Éclairage électrique dans les Appartements. 1 vol.	1886
374	**P. d'Urbanitsky**	Les Lampes électriques et leurs Accessoires. . 1 vol.	1885
375	**Edouard Japing**	Le Transport de la Force par l'Électricité. — Ses Applications. . . . . 1 vol.	1885

Nos d'Ordre	NOMS DES AUTEURS	DÉSIGNATION DE L'OUVRAGE	Edition
		BOTANIQUE	
376	**Le Maout et Decaisne**	Traité général de Botanique. — Organographie. — Iconographie, 5,500 fig. . . . . 1 vol.	1868
377		Atlas de Botanique, 120 planches coloriées. . 1 vol.	
378		Dictionnaire Botanique et Pharmaceutique. . 1 vol.	1768
379	**Moquin-Tandon**	Elèments de Botanique médicale. . . . . 1 vol.	1866
380	**de Jussieu**	Botanique . . . . 1 vol.	1884
381	**Hœfer**	Histoire de la Botanique . . . . 1 vol.	1882
382	**L'abbé Ed. Lambert**	Botanique à l'usage des lycées. . . . . . 1 vol.	1870
383	**G. Bonnier et G. de Layens**	Nouvelle Flore du Nord de la France et de la Belgique, 2,282 fig. . . . . 1 vol.	
384	**Dr E. Bonnet**	Petite Flore Parisienne. . . . . 1 vol.	1883

Nos d'Ordre	NOMS DES AUTEURS	DÉSIGNATION DE L'OUVRAGE	Edition
		SCIENCES GÉNÉRALES	
385	**Zaborowski-Moindron**	De l'Ancienneté de l'Homme, résumé populaire, 2 vol.	1874
386	**J.-C. Chenu**	Leçons élémentaires d'Histoire Naturelle . . 1 vol.	1847
387	**J. Pizzetta**	Dictionnaire populaire d'Histoire Naturelle. . 1 vol.	
388	**Leroy**	Lettres sur les Animaux . . . . 1 vol.	1781
389	**J.-B. Chérubin, dr**	De l'Extinction des Espèces. . . . . . . 1 vol.	1868
390	**Duméril**	Eléments des Sciences naturelles. . . . . 2 vol.	1830
391	**H. de Parville**	Causeries Scientifiques . . . . 1 vol.	1865
392	**Beudant**	Cours élémentaire d'Histoire Naturelle . . . 1 vol.	1882
393	**L'abbé Lambert**	Géologie à l'usage des Lycées. . . . . . 1 vol.	1867
394	**Huot**	Nouveau Manuel complet de Minéralogie . . 2 vol.	1841
395	**L'abbé Lambert**	Zoologie à l'usage des Lycées . . . . . . 1 vol.	1878
396	**Milne Edwards**	Zoologie, 525 fig. . . . . 1 vol.	1887
397	**Vico**	La Science nouvelle . . . . 1 vol.	1845
398	**A. R.**	Le Règne Animal. . . . . 1 vol.	1861
399	**Cuvier**	Discours sur la Révolution du Globe. . . . 1 vol.	1871
400	**Dr Franklin**	La Vie des Animaux . . . . 2 vol.	
401	**Dr Franklin**	Les Oiseaux . . . . 1 vol.	
402	**Dr Franklin**	Le Monde des Métamorphoses. . . . . . . 1 vol.	
403	**Alfred Maury**	La Terre et l'Homme . . . . 1 vol.	1877
404	**Henry Hollard**	De l'Homme et des Races humaines . . . . 1 vol.	1853
405	**Dr Brewer**	La Clef de la Science ou les Phénomènes de tous les jours expliqués . . . . 1 vol.	1855
406	**Camille Flammarion**	La Pluralité des Mondes habités. . . . . . 1 vol.	
407	**Camille Flammarion**	Dans le Ciel et sur la Terre. . . . . . . 1 vol.	1887
408	**Camille Flammarion**	Récits de l'Infini *** . . . . 1 vol.	1885
409	**Camille Flammarion**	Les Mondes Imaginaires et les Mondes réels . 1 vol.	
410	**A. Boillot**	Traité élémentaire d'Astronomie . . . . . 1 vol.	1882
411		L'Astronomie au XIXe Siècle . . . . . . 1 vol.	1864
412	**Amédée Guillemin**	La Lune . . . . 1 vol.	1874
413	**Amédée Guillemin**	Le Soleil . . . . 1 vol.	1883
414	**Flourens**	De l'Instinct et de l'Intelligence des animaux . 1 vol.	1870

Nos d'Ordre	NOMS DES AUTEURS	DÉSIGNATION DE L'OUVRAGE	Edition
		SCIENCES GÉNÉRALES (suite)	
415	**Dr Jonathan Franklin**	La Vie des Animaux. . . . . 1 vol.	
416	**Dr Jonathan Franklin**	La Vie des Reptiles . . . . 1 vol.	
417	**F. Hœfer**	Histoire de la Zoologie . . . . 1 vol.	1873
418	**Dr Paul Topinard**	L'Anthropologie . . . . 1 vol.	1884
419	**F.-A. Poucher**	L'Univers (ouvrage très rare) . . . . . . 1 vol.	1865
420	**Gaspard Lavater**	L'Art de connaître les Hommes par la physionomie. . . . . 10 vol.	1835
421	**Louis Figuier**	La Terre avant le Déluge, 322 fig. et vues . . 1 vol.	1866
422	**Louis Figuier**	La Terre et les Mers. . . . . 1 vol.	1872
423	**Louis Figuier**	L'Homme primitif, 256 fig. . . . . 1 vol.	1882
424	**Louis Figuier**	Les Races humaines. . . . . 1 vol.	1872
425	**Louis Figuier**	Les Mammifères. . . . . 1 vol.	1873
426	**Louis Figuier**	Les Poissons, Reptiles et Oiseaux. . . . . 1 vol.	1869
427	**Louis Figuier**	Histoire des Plantes. . . . . 1 vol.	1874
428	**Louis Figuier**	La Vie et les Mœurs des Animaux . . . . . 1 vol.	1866
429	**Louis Figuier**	Les Insectes, 594 fig. . . . . 1 vol.	1875
430	**Camille Flammarion**	Astronomie populaire . . . . 2 vol.	
431	**Camille Flammarion**	Les Terres du Ciel.—Voyage sur les autres Mondes. 1 v.	
432	**Camille Flammarion**	Les Etoiles et les Curiosités du Ciel . . . . 1 vol.	1882
433	**Camille Flammarion**	Le Monde avant la Création de l'Homme . . 1 vol.	1886
434	**Alfred Frédol**	Le Monde de la Mer . . . . 1 vol.	1865
435	**F. Arago**	Astronomie populaire . . . . 4 vol.	1857
436	**A. d'Archiac**	Introduction à l'Etude de la Paléontologie . . 2 vol.	1864
437	**A. d'Archiac**	Leçons sur la Faune quaternaire . . . . . 1 vol.	1865
438	**Isidore Geoffroy Saint-Hilaire**	Collection des Suites à Buffon. . . . . . . 1 vol.	1841
439	**Alexandre Bertrand**	Lettres sur les Révolutions du Globe . . . 1 vol.	1839
440	**L. Figuier**	Le Savant du Foyer. — Notions sur les objets usuels de la Vie. . . . . 1 vol.	1873
441	**Ch. Darwin**	L'Origine des Espèces au moyen de la Sélection naturelle . . . . 1 vol.	1887

Nos d'Ordre	NOMS DES AUTEURS	DÉSIGNATION DE L'OUVRAGE	Edition
		SCIENCES GÉNÉRALES (suite)	
442	**H. Le Hon**	L'Homme Fossile en Europe . . . . 1 vol.	1877
443	**Georges Pouchet**	De la pluralité des Races humaines . . . . . 1 vol.	1864
444	**A. Moquin-Tandon**	Eléments de Tératologie végétale. . . . . 1 vol.	1841
445	**Sir Ch. Lyell**	Eléments de Géologie . . . . 2 vol.	
446	**Bouillet**	Dictionnaire Universel des Sciences . . . . . 1 vol.	1884
447	**F. Zurcker**	Les Phénomènes de l'Atmosphère . . . . 1 vol.	1839
448		Nouveau Dictionnaire d'Histoire Naturelle . .36 vol.	1816
449		Encyclopédie moderne . . . . .30 vol.	1851
450	**Courtin et une Société de gens de lettres**	Encyclopédie moderne . . . . .26 vol.	1823-32
450 bis	Don de M. Hérouard-Demarnet	Revue scientifique 30 vol.	1863-83
450 ter	id. id.	Association Française pour l'avancement des sciences 11 vol.	1872-83

Nos d'Ordre	NOMS DES AUTEURS	DÉSIGNATION DE L'OUVRAGE	Edition
		PHILOSOPHIE	
451	**Condorcet**	Esquisse d'un Tableau historique des Progrès de l'esprit humain. . . . . 1 vol.	1822
452	**Herder**	Idées sur la Philosophie de l'histoire de l'Humanité. 3 v.	1834
453	**Herbert Spencer**	Les Bases de la Morale évolutionniste. . . . . 1 vol.	1885
454	**Lamarck**	Philosophie géologique. . . . . 1 vol.	1873
455	**J. Tissot**	Méditations Morales. . . . . 1 vol.	1860
456	**Locke et Leibnitz**	Œuvres de Locke et Leibnitz. — Entendement humain . . . . 1 vol.	1847
457	**Ernest Renan**	Dialogues et Fragments philosophiques. . . 1 vol.	1886
458	**Alfred Fouillée**	Histoire de la Philosophie. . . . . 1 vol.	1887
459		Du Pape . . . . 2 vol.	1821
460	**V. Cousin**	Cours de l'Histoire de la Philosophie. . . . 3 vol.	1829
461	**Victor Bétolaud**	Œuvres complètes de Plutarque. . . . . 5 vol.	1870
462	**Descartes**	Œuvres de Descartes . . . . 1 vol.	1844
463	**Mallebranche**	Œuvres de Mallebranche . . . . 2 vol.	1842
464	**Brillat-Savarin**	Physiologie du Goût. . . . . 1 vol.	
465	**F.-E. Bichat**	Recherches physiologiques sur la Vie et la Mort 1 vol.	1862
466	**Marc-Aurèle**	Pensées de Marc-Aurèle . . . . 1 vol.	1886
467	**W. Channing**	Le Christianisme libéral . . . . 1 vol.	1866
468	**Th. Dufour**	Extraits des Œuvres inédites de Th. Dufour. 1 vol.	1867
469	**La Bruyère**	Les Caractères. . . . . 2 vol.	1829
470	**Aimé Martin**	De l'Education des Mères de famille. . . . 2 vol.	1834
471	**La Bruyère**	Les Caractères de Théophraste . . . . . . 1 vol.	1885
472	**Jules Simon**	Le Devoir . . . . 1 vol.	1881
473	**Jules Simon**	La Religion naturelle. . . . . 1 vol.	1873
474	**Jules Simon**	La Liberté politique . . . . 1 vol.	1867
475	**Jules Simon**	La Liberté civile. . . . . 1 vol.	1867
476	**Jules Simon**	La Liberté de conscience . . . . 1 vol.	1859
477	**Jules Simon**	L'Ouvrière. . . . . 1 vol.	1876
478	**Jules Simon**	L'Ecole. . . . . 1 vol.	1865
479	**Jules Simon**	Le Travail. . . . . 1 vol.	1867

Nos d'Ordre	NOMS DES AUTEURS	DÉSIGNATION DE L'OUVRAGE		Edition
		PHILOSOPHIE (suite)		
480	**Jules Simon**	La Peine de Mort	1 vol.	1869
481	**Machiavel**	Œuvres politiques	1 vol.	1853
482	**Guizot**	Méditations d'Etudes morales	1 vol.	1854
183	**Luc Desages**	De l'Extase	1 vol.	1866
484	**Alph. Grün**	La Vie publique de Montaigne	1 vol.	1855
485	**La Rochefoucauld**	Réflexions ou Sentences	1 vol.	1822
486	**Lord Brougham**	De la Démocratie et des Gouvernements	1 vol.	1872
487	**Victor Cousin**	Fragments de la Philosophie ancienne	1 vol.	1855
488	**Eugène Gru**	Les Morts violentes	1 vol.	1864
489	**Volney**	Les Ruines ou les Méditations sur les Révolutions des Empires	1 vol.	1883
490	**E. Caro**	Etudes morales sur le temps présent	1 vol.	1887
491	**Nicolle**	Œuvres philosophiques et morales	1 vol.	1845
492	**Montaigne**	Essais de Michel Montaigne	1 vol.	1846
493	**Descuret**	Théorie morale du Goût	1 vol.	
494	**Ch. Lemaire**	Initiation à la Philosophie	2 vol.	1842
495	**Ch. Daudeville**	Physiologie morale des Instincts de l'Homme	1 vol.	1867
496	**Mlle Clarisse Bader**	La Femme dans l'Inde antique	1 vol.	1864
497	**Victor Cousin**	Du Vrai, du Beau, du Bien	1 vol.	1868
498	**Joseph Fabre**	Notions de Philosophie	1 vol.	1874
499	**Paul Janet**	Le Matérialisme contemporain	1 vol.	1864
500	**Démeunier**	L'Esprit des Usages des différents Peuples	3 vol.	1776
501	**Blaise Pascal**	Lettres provinciales et Pensées	2 vol.	1821
502	**Ch. Bénard**	Questions de Philosophie	1 vol.	1872
503	**Ch. Waddington**	De l'Ame humaine	1 vol.	1862
504	**J.-B. Salgues**	Des Erreurs et des Préjugés de la Société	3 vol.	1813
505	**Guillaume Raynal**	Histoire philosophique et politique des établissements des Européens dans les Indes	10 vol.	1782
506	**de Montesquieu**	Ses Œuvres	7 vol.	1792
507	**Montaigne**	Essais de Michel Montaigne	6 vol.	1825
507bis	Jean Reynaud	Terre et Ciel. (don des Editeurs Combet et Cie) Paris	1 vol.	

Nos d'Ordre	NOMS DES AUTEURS	DÉSIGNATION DE L'OUVRAGE		Edition
		RELIGION		
508	**Benjamin Constant**	Du Polythéisme romain.	2 vol.	1833
509	**Bossuet**	Oraisons funèbres. — Panégyriques et Sermons	1 vol.	
510	**Mme Laure Bernard**	Les Mythologies de tous les Peuples. . . .	1 vol.	1881
511	**Athanase Coquerel, fils**	Histoire du Credo.	1 vol.	1869
512	**Saint-Augustin Aurèle**	Les Confessions de Saint-Augustin. . . .	1 vol.	1844
513	**le Père Mémain**	Etudes chronologiques pour l'Histoire de Jésus-Christ.	1 vol.	1867
514	**Confucius et Mencius**	Les quatre Livres de Philosophie de la Chine.	1 vol.	
515	**Bossuet**	Discours sur l'Histoire de Mgr le Dauphin . .	1 vol.	
516	**L'abbé Bautain**	La belle Saison à la Campagne.	1 vol.	1863
517	**Dr Strauss**	Vie de Jésus. — Examen de son Histoire. .	4 vol.	1839
518	**Renan**	Vie de Jésus.	1 vol.	1870
519	**Renan**	Etude d'Histoire religieuse.	1 vol.	1864
520	**Savary**	Le Coran	2 vol.	1828
521	**Massillon**	Petit Carême	1 vol.	1827
522	**Fénelon**	Œuvres philosophiques.	1 vol.	1845
523	**Dupin**	Libertés de l'Eglise Gallicane.	1 vol.	1860
524	**Lutfullah**	Mémoires	1 vol.	1858
525	**Le Maistre de Sacy**	La Sainte Bible	1 vol.	1822
526	**J. Mascaron, évêque**	Recueil des Oraisons funèbres.	1 vol.	1745
527	**L'abbé Loyson**	L'Assemblée du Clergé de France en 1682. .	1 vol.	1870
528	Onésime Leroy	Etudes sur les Mystères.	1 vol.	1837
529	[illegible]	Curiosités théologiques. Par un Bibliophile .	1 vol.	1861
530	**Mgr Bartolini**	Actes du Martyre de Sainte-Agnès.	1 vol.	1864
531	**Louis Jacolliot**	La Bible dans l'Inde.	1 vol.	1869
532	**Gustave Brunet**	Les Propos de table de Luther.	1 vol.	1844
533	**Bourdaloue**	Ses Œuvres	10 vol.	1857

Nos d'Ordre	NOMS DES AUTEURS	DÉSIGNATION DE L'OUVRAGE	Édition
		LÉGISLATION	
534	**J. Rogron**	Code civil expliqué . . . . 2 vol.	1885
535	**J. Rogron**	Code pénal expliqué. . . . . 1 vol.	1865
536	**J. Rogron**	Code d'Instruction criminelle expliqué . . . 1 vol.	1863
537	**J. Rogron**	Code de Commerce . . . . 1 vol.	1881
538	**Claude de Ferrières**	Dictionnnaire de Droit et de Pratique . . . 2 vol.	1749
539	**Delvincourt**	Cour de Code Civil . . . . 3 vol.	1834
540	**Bosquet**	Dictionnaire raisonné des Domaines et Droits domaniaux . . . . 3 vol.	1762
541		Sénat, Code rural. . . . . 1 vol.	1858
542	**Ch. Bonne**	Cours de Législation usuelle . . . . 1 vol.	1884
543		Petites Leçons de Droit . . . . 1 vol.	1862
544		Essais sur l'Administration . . . . 2 vol.	1787
545	**Guillaume de Humboldt**	Essai sur les limites de l'Action de l'Etat . . 1 vol.	1867
546	**L. Tripier**	Le Droit mis en pratique . . . . 1 vol.	
547	**de Puibusque**	Dictionnaire Municipal . . . . 2 vol.	1867
548	**Ad. Giraudeau et Lelièvre**	La Chasse. — La Louveterie . . . . 1 vol.	1868
549	**René et Liersel**	Traité de la Chasse . . . . 1 vol.	
550	**Villequez**	Du Droit de Destruction des Animaux nuisibles 1 vol.	1867
551	**Féraud-Giraud**	Législation française ouvrière. . . . . . . 1 vol.	1856
552	**Gadrat**	Traité des Faillites et Banqueroutes . . . . 1 vol.	1864
553	**Jacques de Valsères**	Manuel de Droit rural et Economie agricole . 1 vol.	1847
554	**O. Pinard**	Le Barreau au XIXe Siècle . . . . 1 vol.	1865
555	**Nicolin**	Notions élémentaires de Droit Commercial . . 1 vol.	1868
556	**Durand de Nancy**	Nouveau Guide en Affaires. . . . . 1 vol.	
557		Procès de M. le Vicomte de Noé contre M. de Villemant et Consorts . . . . 1 vol.	1863
558	**E.-D. L.-P. D.-F.**	Traité Historique de l'Origine et Nature des Dîmes 1 v.	1762
559	**Sarrazin**	Code pratique des Prud'hommes . . . . . . 1 vol.	1885
560	**A. Rogron**	Codes forestiers, Pêche fluviale, etc. . . . 1 vol.	1836

Nos d'Ordre	NOMS DES AUTEURS	DÉSIGNATION DE L'OUVRAGE		Edition
		LÉGISLATION (suite)		
561	**Dupin et Laboulaye**	Institutes coutumières d'A. Loysel	2 vol.	1846
562	**Louis Veuillot**	Le Droit du Seigneur au Moyen-Age. . . .	1 vol.	1871
563	**Jules Loiseleur**	Les Crimes et les Peines dans l'Antiquité. .	1 vol.	1863
564	**E. Henriot**	Les Poètes Juristes	1 vol.	1858
565	**Warée**	Curiosités Judiciaires	1 vol.	1858
566	**l'Abbé Goyhénèche**	Cours élémentaire de Droit Canonnique . .	1 vol.	1872
567	**Lagrange**	Manuel de Droit Romain	1 vol.	1863
568	**Buridan et La Fons**	Le Coutumier de Vermandois.	2 vol.	1728

Nos d'Ordre	NOMS DES AUTEURS	DÉSIGNATION DE L'OUVRAGE		Edition
		ÉCONOMIE POLITIQUE		
569	**P. Rossi**	Cours d'Economie politique	2 vol.	1843
570	**J. Garnier**	Traité de Finances.	1 vol.	1872
571	**Bon de Gérando**	De la Bienfaisance publique	4 vol.	1839
572	**Edmond Ott**	Les Impôts en France.	1 vol.	1869
573	**Blanqui**	Histoire de l'Economie politique en Europe. .	1 vol.	
574	**Thomas Reid**	Œuvres complètes.	6 vol.	1829
575	**Paul Boiteau**	Fortune publique et Finances de la France. .	2 vol.	1866
576	**Ambroise Clément**	Essai sur la Science sociale.	2 vol.	1867
577	**P.-L. Courier**	Collection de Pamphlets politiques. . . .	1 vol.	1827
578	**P.-J. Proudhon**	Théorie de la Propriété.	1 vol.	1866
579	**P.-J. Proudhon**	Solution du Problème social.	1 vol.	
580	**Channing**	Œuvres sociales	1 vol.	1882
581	**J. Garnier**	Premières notions d'Economie.	1 vol.	1867
582	**J.-B. Say**	Catéchisme d'Economie politique.	1 vol.	1881
583	**Michel Chevalier**	Question des Travailleurs.	1 vol.	1848
584	**Th. Barrau**	Conseils aux Ouvriers.	1 vol.	1884
585	**Mme Zulma Carraud**	Les Veillées de Maître Patrigeon.	1 vol.	1886
586	**J.-B. Say**	Traité d'Economie politique.	1 vol.	1861
587	**E. Kleine**	Les Richesses de la France.	1 vol.	
588	**Mirabeau**	Discours et opinions de Mirabeau.	3 vol.	1820
589	**Benjamin Constant**	Œuvres politiques.	1 vol.	1874
590	**Eug. Véron**	Les Associations ouvrières.	1 vol.	1865
591	**Proudhon**	La Révolution sociale démontrée.	1 vol.	
592	**Edmond About**	L'A B C du Travailleur	1 vol.	1868
593		Les Associations ouvrières en Angleterre. . .	1 vol.	1869
594	**Jules Clavé**	Etudes sur l'Economie forestière.	1 vol.	1862
595	**A. Thiers**	De la Propriété.	1 vol.	1848

Nos d'Ordre	NOMS DES AUTEURS	DÉSIGNATION DE L'OUVRAGE	Edition
		ÉCONOMIE POLITIQUE (suite)	
596	**Marcellin Lagarde**	Les Maîtres Communiers. . . . . 1 vol.	
597	**Eug. Hatin**	Histoire politique et littéraire de la Presse. . 8 vol.	1861
598	**Eug. Hatin**	Manuel théorique et pratique de la liberté de la Presse. . . . . 2 vol.	1868

N^os d'Ordre	NOMS DES AUTEURS	DÉSIGNATION DE L'OUVRAGE	Edition
		LITTÉRATURE	
		(CLASSIQUES)	
599	**N. Bouillet**	Dictionnaire Universel d'Histoire et de Géographie 1 v.	1876
600	**Napoléon Landais**	Grammaire. . . . . 1 vol.	1835
601	**Antoine Furetière**	Dictionnaire Universel des Mots Français . . 3 vol.	1690
602	**P. Richelet**	Dictionnaire de la Langue Française. . . . 3 vol.	1759
603	**Ambroise Calepin**	Dictionnaire Latin . . . . 1 vol.	1578
604	**Louis Morery**	Le Grand Dictionnaire Historique. . . . . 5 vol.	1718
605		Dictionnaire de l'Académie Française . . . 2 vol.	1777
606	**Poitevin**	Nouveau Dictionnaire Universel de la Langue Française. . . . . 2 vol.	1860
607	**E. Littré**	Dictionnaire de la Langue Française. . . . 5 vol.	1885
608	**Joseph Déjardin**	Dictionnaire des Spots ou Proverbes. . . . 1 vol.	1863
609	**P. Richelet**	Dictionnaire de Rimes . . . . 1 vol.	1781
610	**F. Tissot**	Leçons et Modèles de Littérature. . . . . 2 vol.	1835
611	**J. J. Ampère**	Histoire de la Formation de la Langue Française 1 vol.	1871
612	**Quitard**	Dictionnaire Etymologique. . . . . 1 vol.	1842
613	**Dante**	La Divine Comédie . . . . 1 vol.	1847
614	**Dante**	L'Enfer, poème. . . . . 1 vol.	1812
615	**Dante**	Le Paradis, poème. . . . . 1 vol.	1811
616	**Dante**	Le Purgatoire, poème . . . . 1 vol.	1813
617	**Boileau**	Œuvres complètes . . . . 3 vol.	1809
618	**De Pongerville**	Lucrèce. . . . . 2 vol.	1839
619	**Virgile**	Œuvres complètes . . . . 4 vol.	1839
620	**P. Térence**	Les Comédies. . . . . 3 vol.	1831
621	**Suétone**	Traduction nouvelle. . . . . 3 vol.	1833
622	**Platon**	Œuvres complètes . . . . 7 vol.	1885
623	**Euripide**	Théâtre. — Traduction nouvelle . . . . . 2 vol.	
624	**Thucydide**	Histoire de la Guerre du Péloponèse. . . . 2 vol.	
625	**Plaute**	Comédies . . . . 2 vol.	1886
626	**Juvénal et Perse**	Œuvres complètes . . . . 1 vol.	1885
627	**Salluste**	Œuvres complètes. . . . . 1 vol.	

Nos d'Ordre	NOMS DES AUTEURS	DÉSIGNATION DE L'OUVRAGE	Edition
		LITTÉRATURE (suite) (CLASSIQUES)	
628	**Klopstock**	La Messiade, poème. . . . . 1 vol.	
629	**Aristophane**	Traduction nouvelle. . . . . 1 vol.	
630	**Platon**	L'État ou la République. . . . . 1 vol.	1849
631	**Xénophon**	Œuvres complètes . . . . 2 vol.	1884
632	**Eschyle**	Théâtre. . . . . 1 vol.	1884
633	**Sophocle**	Théâtre. . . . . 1 vol.	1884
634	**Lucien de Samorate**	Œuvres complètes. . . . . 2 vol.	1857
635	**Flavius Josèphe**	Siège de Jérusalem . . . . 1 vol.	1872
636	**Lucain**	La Pharsale . . . . 1 vol.	
637	**Tacite**	Œuvres complètes. . . . . 2 vol.	1853
638	**Hérodote**	Histoire. . . . . 2 vol.	1840
639	**Napoléon**	Commentaires de César. . . . . 2 vol.	1872
640	**G. Weber**	Histoire de la Littérature allemande. . . . 1 vol.	1867
641	**A. Pierron**	Histoire de la Littérature romaine. . . . . 1 vol.	1884
642	**Homère**	L'Iliade. . . . . 2 vol.	1812
643	**Horace**	Satyres, Epitres . . . . 2 vol.	1832
644	**Demosthène et Eschine**	Chefs-d'œuvres . . . . 1 vol.	1843
645	**Alexis Pierron**	Histoire de la Littérature grecque. . . . . 1 vol.	1886
646	**Goethe**	Le Faust . . . . 1 vol.	1840
647	**Schiller**	Théâtre. . . . . 2 vol.	1840
648	**J. Delille**	Œuvres complètes. . . . . 16 vol.	1824
649	**Bernardin-de-St-Pierre**	Œuvres complètes . . . . 12 vol.	1818
650	**Denis Diderot**	Œuvres complètes . . . . 13 vol.	1819
651	**D'Alembert**	Œuvres complètes . . . . 5 vol.	1822
652	**La Harpe**	Cours de Littérature ancienne et moderne. 18 vol.	1826
653	**La Harpe**	Lycée ou Cours de Littérature. . . . . . 5 vol.	1817
654	**Noël et Delaplace**	Leçons françaises de Littérature. . . . . 2 vol.	1838
655	**Noël et Delaplace**	Leçons latines modernes de Littérature. . . 2 vol.	1836
656	**Platon**	Lois. . . . . 1 vol.	1842
657	**Eugène Baret**	Histoire de la Littérature espagnole. . . . 1 vol.	1886

N^os d'Ordre	NOMS DES AUTEURS	DÉSIGNATION DE L'OUVRAGE	Edition
		LITTÉRATURE (suite) (CLASSIQUES)	
658	**Strabon**	Géographie. . . . . 1 vol.	1867
659	**L.-S. Auger**	Lettres de Mme de Maintenon. . . . . . 4 vol.	1815
660	**Pope**	Œuvres diverses . . . . 7 vol.	1763
661	**Mme de Sévigné**	Lettres de Mme de Sévigné à sa fille et ses amis. 12 vol.	1811
662	**Marmontel**	Contes moraux. . . . . 2 vol.	1775
663	**Plutarque**	Beautés ou Morceaux choisis . . . . . . 2 vol.	1817
664	**Patin**	Etudes sur les Tragiques grecs Euripide . . 2 vol.	
665	**Patin**	Sophocle . . . . 1 vol.	
666	**Patin**	Eschyle. . . . . 1 vol.	1858
667	**Sainte-Beuve**	Port Royal. . . . . 7 vol.	1871
668	**Voltaire**	Œuvres complètes. . . . . 20 vol.	1858
669	**Racine**	Œuvres complètes. . . . . 1 vol.	1875
670	**Molière**	Œuvres complètes. . . . . 2 vol.	1866
670 bis	F. Lechantre	Résumés d'Instruction morale et Civique. 1 vol.	1895
670 ter	id	Cours complet d'Instruction morale et Civique. 1 vol. (Dons de l'Auteur)	1896

Nos d'Ordre	NOMS DES AUTEURS	DÉSIGNATION DE L'OUVRAGE	Édition
		ŒUVRES LITTÉRAIRES DIVERSES ANCIENNES ET MODERNES (suite)	
671	**Voltaire**	Romans illustrés. . . . . 1 vol.	1867
672	**V. Hugo**	Les Misérables . . . . 1 vol.	1869
673	**V. Hugo**	Odes et Ballades . . . . 1 vol.	1869
674	**V. Hugo**	La Légende des Siècles. . . . . 1 vol.	1870
675	**V. Hugo**	Les Orientales. . . . . 1 vol.	1869
676	**V. Hugo**	Les Chansons des Rues et des Bois . . . . 1 vol.	1870
677	**V. Hugo**	Les Chants du Crépuscule. . . . . . . 1 vol.	1869
678	**V. Hugo**	Les Voix Intérieures. . . . . 1 vol.	1869
679	**V. Hugo**	Les Rayons et les Ombres . . . . 1 vol.	1869
680	**V. Hugo**	Les Contemplations . . . . 2 vol.	1869
681	**V. Hugo**	Les Feuilles d'Automne. . . . . 1 vol.	1869
682	**V. Hugo**	Notre-Dame de Paris. . . . . 2 vol.	1840
683	**V. Hugo**	Odes et Ballades. — Les Orientales . . . . 2 vol.	1840
684	**V. Hugo**	Les Feuilles d'Automne. . . . . 1 vol.	1840
685	**V. Hugo**	Les Voix intérieures.—Les Rayons, les Ombres. 1 vol.	1840
686	**V. Hugo**	Cromwell . . . . 1 vol.	1841
687	**V. Hugo**	Hernani. — Marion Delorme . . . . . . 1 vol.	1841
688	**V. Hugo**	Lucrèce Borgia. — Marie Tudor . . . . . 1 vol.	1841
689	**V. Hugo**	La Esméralda. — Ruy Blas . . . . . . 1 vol.	1844
690	**V. Hugo**	Han d'Islande. . . . . 1 vol.	1841
691	**V. Hugo**	Bug Jargal. — Le Dernier Jour d'un Condamné. 1 vol.	1841
692	**V. Hugo**	Littérature et Philosophie . . . . 1 vol.	1841
693	**Frédéric Soulié**	Si Jeunesse savait . . . . 1 vol.	1844
694	**Shakspeare**	Œuvres Complètes . . . . 3 vol.	1839
695	**Goldsmith**	Le Vicaire de Wakefield . . . . 1 vol.	1844
696	**C. Delavigne**	Œuvres Complètes . . . . 8 vol.	1833-45
697	**X.-B. Saintine**	La Mythologie du Rhin. . . . . 1 vol.	1876
698	**Walter Scott**	Œuvres Ivanhoë . . . . 1 vol.	
699	**Walter Scott**	Quentin Durward. . . . . 1 vol.	
700	**Walter Scott**	La Jolie Fille de Perth . . . . 1 vol.	

Nos d'Ordre	NOMS DES AUTEURS	DÉSIGNATION DE L'OUVRAGE	Edition
		ŒUVRES LITTÉRAIRE DIVERSES ANCIENNES ET MODERNES (suite)	
701	**Walter Scott**	L'Antiquaire . . . . 1 vol.	
702	**Walter Scott**	Le Nain Noir . . . . 1 vol.	
703	**Walter Scott**	La Prison d'Edimbourg. . . . . 1 vol.	
704	**Walter Scott**	La Fiancée. — L'officier dé Fortune. . . . 1 vol.	
705	**Lesage**	Gil Blas de Santillane . . . . 1 vol.	1858
706	**Lord Byron**	Œuvres. . . . . 6 vol.	1830
707	**Michel Cervantès**	L'Ingénieux Chevalier Don-Quichotte. . . . 2 vol.	1858
708	**Goethe**	Le Renard. . . . . 1 vol.	1867
709	**Scarron**	Roman Comique et Nouvelles. . . . . . 2 vol.	1825
710	**L. Camoëns**	La Lusiade. . . . . 2 vol.	1776
711	**De Salvandy**	Don Alonzo ou l'Espagne . . . . 4 vol.	1824
712	**Arioste**	Roland Furieux . . . . 1 vol.	
713	**Demoustier**	Lettres à Emile sur la Mythologie . . . . 1 vol.	1847
714	**Rabelais**	Œuvres. — Gargantua à Pantagruel. . . . 1 vol.	1836
715		L'Heptameron ou Histoire des Amants fortunés. 1 vol.	1841
716	**Emile Augier**	Œuvres diverses. . . . . 1 vol.	1884
717	**Emile Augier**	Théâtre complet . . . . 6 vol.	1886
718	**Léon Magnier**	Bruits du Siècle . . . . 1 vol.	1843
719	**L. Magnier et Démoulin**	Cloches et Grelots . . . . 1 vol.	1848
720	**L. Magnier** [illegible]	Fleurs du Bien . . . . 1 vol.	1858
721	**Alexandre Dumas**	Le Comte de Monte-Christo . . . . 6 vol.	1887
722	**Alex. Dumas**	Les Trois Mousquetaires . . . . 2 vol.	1886
723	**Alex. Dumas**	Vingt Ans après . . . . 3 vol.	1887
724	**Alex. Dumas**	Amaury. . . . . 1 vol.	1887
725	**Alex. Dumas**	Joseph Balsamo . . . . 1 vol.	1886
726	**Alex. Dumas**	Acté. . . . . 1 vol.	1885
727	**George Sand**	Indiana. . . . . 1 vol.	1882
728	**George Sand**	François le Champi. . . . . 1 vol.	1886
729	**George Sand**	La Petite Fadette. . . . . 1 vol.	1887
730	**George Sand**	La Mare au Diable . . . . 1 vol.	1885

Nos d'Ordre	NOMS DES AUTEURS	DÉSIGNATION DE L'OUVRAGE		Edition
		ŒUVRES LITTÉRAIRES DIVERSES ANCIENNES ET MODERNES (suite)		
731	**George Sand**	Le Secrétaire Intime	1 vol.	1884
732	**George Sand**	Valentine	1 vol.	1882
733	**George Sand**	Jean de la Roche.	1 vol.	1887
734	**George Sand**	Un Hiver à Majorque	1 vol.	1884
735	**George Sand**	Histoire de ma Vie	4 vol.	1887
736	**Gustave Sourmais**	Le Vicomte Georges. *(Don de l'Auteur)* . .	1 vol.	1885
737	**Edmond About**	Germaine	1 vol.	1884
738	**Edmond About**	Tolla.	1 vol.	1887
739	**Edmond About**	Les Mariages de Paris	1 vol.	1888
740	**Edmond About**	Le Roi des Montagnes	1 vol.	1887
741	**Edmond About**	Madelon	1 vol.	1877
742	**Edmond About**	Causeries	2 vol.	1867
743	**Edmond About**	La Grèce Contemporaine	1 vol.	1886
744	**Edmond About**	Les Mariages de Province	1 vol.	1887
745	**Octave Feuillet**	Scènes et Comédies	1 vol	1886
746	**Octave Feuillet**	Le Roman d'un Jeune Homme pauvre . . .	1 vol.	1888
747	**Prosper Mérimée**	Théâtre de Clara Gazul	1 vol.	1881
748	**Prosper Mérimée**	Colomba	1 vol.	1888
749	**Prosper Mérimée**	Chronique du Règne de Charles IX	1 vol.	1885
750	**Victor Cherbuliez**	Prosper Randoce.	1 vol.	1882
751	**Victor Cherbuliez**	Le Comte Kostia.	1 vol.	1885
752	**Victor Cherbuliez**	Paule Méré.	1 vol.	1883
753	**Ch. de Bernard**	Le Gentilhomme Campagnard.	2 vol.	1880
754	**Max Radiguet**	Les Derniers Sauvages	1 vol.	1882
755	**Mme de Staël**	Delphine	1 vol.	1881
756	**X. Marmier**	Les Fiancés du Spitzberg	1 vol.	1859
757	**Rufin Piotrowski**	Souvenirs d'un Sibérien	1 vol.	1872
758	**Mme Carraud**	Une Servante d'autrefois	1 vol.	1884
759	**E. Littré**	Histoire de la Langue Française	2 vol.	1886
760	**De Lamartine**	Cours familiers de Littérature.	111 vol.	1856–69

Nos d'Ordre	NOMS DES AUTEURS	DÉSIGNATION DE L'OUVRAGE		Edition
		ŒUVRES LITTÉRAIRES DIVERSES ANCIENNES ET MODERNES (suite)		
761	**De Lamartine**	Lecture pour tous	1 vol.	1888
762	**De Lamartine**	Premières Méditations poétiques	1 vol.	1886
763	**De Lamartine**	Nouvelles Méditations poétiques	1 vol.	1886
764	**De Lamartine**	Harmonies poétiques et religieuses	1 vol.	1886
765	**De Lamartine**	La Chute d'un Ange	1 vol.	1887
766	**De Lamartine**	Recueillements poétiques	1 vol.	1884
767	**Alfred de Vigny**	Poésies complètes	1 vol.	1882
768	**Millevoye**	Poésies	1 vol.	1882
769	**André Chénier**	Œuvres poétiques	2 vol.	1879
770	**Rivarol**	Œuvres. — Sa Vie	1 vol.	1857
771	**L.-J. Larcher**	Satyres et Diatribes sur les Femmes	1 vol.	1860
772	**Georges d'Heilly**	Cotillon III	1 vol.	1867
773	**Régnier**	Œuvres complètes	1 vol.	1860
774	**Paul Scarron**	Le Virgile travesti en vers	1 vol.	1858
775	**Erkmann-Chatrian**	Histoire d'un Paysan 1792	2 vol.	1869
776	**Ch. Paya**	Les Cachots du Pape	1 vol.	1865
777	**Le Roux de Lincy**	Les Femmes Célèbres de l'Ancienne France	1 vol.	1848
778	**Augustin Challamel**	La Régence Galante	1 vol.	1861
779	**Hoffmann**	Contes Fantastiques	1 vol.	
780	**Alexandre Manzoni**	Les Fiancées. — Histoire Milanaise	1 vol.	
781	**H. de Balzac**	Le Lys dans la Vallée	1 vol.	1885
782	**Th. Gautier**	Le Capitaine Fracasse	2 vol.	1886
783	**Mme de Staël**	De l'Allemagne	1 vol.	1885
784	**Mme de Staël**	Corinne ou l'Italie	1 vol.	
785	**Xavier de Maistre**	Œuvres complètes	1 vol.	
786	**X.-B. Saintine**	Seul !	1 vol.	1885
787	**X.-B. Saintine**	Picciola	1 vol.	1888
788	**X.-B. Saintine**	Le Chemin des Ecoliers	1 vol.	1881
789	**Le capitaine Basil Hall**	Scènes de la Vie Maritime	1 vol.	1882
790	**Le capitaine Basil Hall**	Scènes du Bord et de la Terre Ferme	1 vol.	1883

Nos d'Ordre	NOMS DES AUTEURS	DÉSIGNATION DE L'OUVRAGE	Édition
		ŒUVRES LITTÉRAIRES DIVERSES ANCIENNES ET MODERNES (suite)	
791	Mistress **Beecher-Stowe**	La Case de l'Oncle Tom. . . . . 1 vol.	1887
792	**Alph. Lemonnier**	Les Femmes de Théâtre . . . . 1 vol.	1865
793	**Gustave Claudin**	Paris. . . . . 1 vol.	1862
794	**Nérée Desarbres**	Deux Siècles à l'Opéra (1669-1868) . . . . 1 vol.	1868
795	**Nérée Desarbres**	7 ans à l'Opéra . . . . 1 vol.	1864
796	**Gresset**	Œuvres Illustrées. . . . . 1 vol.	
797		Le Château d'Anet . . . . 1 vol.	1860
798	**Amédée de Ponthieu**	Légendes du Vieux Paris . . . . 1 vol.	1867
799	**Louis Nicolardot**	Histoire de la Table . . . . 1 vol.	1868
800	**Nestor Roqueplan**	Parisine. . . . . 1 vol.	
801	**Edouard Stévens**	Les Masques de Paris. . . . . 1 vol.	1858
802	**Gustave Flaubert**	Madame Bovary . . . . 2 vol.	1859
803	**Pierre Véron**	La Foire aux Grotesques. . . . . 1 vol.	1866
804	**Ch. Joliet**	Les Pseudonymes du jour. . . . . 1 vol.	1867
805	**Ch. Labitte**	Satyre Menippée. . . . . 1 vol.	1841
806	**Ch. Deulin**	Contes d'un Buveur de bière. . . . . . 1 vol.	1868
807	**A. Privat d'Anglemont**	Paris, Anecdote . . . . 1 vol.	1865
808	**Victor-Robert Jones**	Poésies diverses . . . . 1 vol.	1860
809	**A. Monnanteuil**	Electre. — Tragédie de Sophocle. . . . . 1 vol.	1863
810	**Jules Claretie**	Raymond Lindey. . . . . 1 vol.	1870
811	**Silvio Pellico**	Mes Prisons . . . . 1 vol.	1833
812	**Louis Moland**	Par Ballon monté. . . . . 1 vol.	1872
813	**Lorédan Larchey**	Les Excentricités du Langage. . . . . . . 1 vol.	1862
814	**Robert Burns**	Poésies complètes . . . . 1 vol.	1843
815		Le Roman de Bade . . . . 1 vol.	1868
816	**Ch. Romey**	Hommes et Choses de divers temps. . . . 1 vol.	1864
817	**H. de Pène**	Paris intime . . . . 1 vol.	1859
818	**Jean Gay**	Les Chats . . . . 1 vol.	1866
819	**Frédéric Lock**	Dictionnaire topographique et historique de l'ancien Paris . . . . 1 vol.	

Nos d'Ordre	NOMS DES AUTEURS	DÉSIGNATION DE L'OUVRAGE		Edition
		ŒUVRES LITTÉRAIRES DIVERSES ANCIENNES ET MODERNES (suite)		
820	**Bernard de la Monnoye**	Les Noëls bourguignons	1 vol.	1842
821	**Damas Hinard**	Chefs-d'Œuvre du Théâtre Espagnol	1 vol.	1844
822	**de Senancourt**	Obermann	1 vol.	1840
823	**Michel Masson**	Les Contes de l'Atelier	1 vol.	1840
824	**Mme de Krüdner**	Valérie	1 vol.	1840
825	**Henry Murger**	Scènes de la vie de Bohême	1 vol.	1862
826	**Auguste Vacquerie**	Jean Baudry	1 vol.	1880
827	**Z.-J. Piérart**	La grande Epopée de l'An II	1 vol.	1864
828	**Denis Diderot**	Le Neveu de Rameau	1 vol.	1862
829	**Alfred Delvau**	Histoire anecdotique des Cafés et Cabarets de Paris	1 vol.	1862
830	**Claude Sauvage**	Les Guêpes gauloises (petite Encyclopédie)	1 vol.	1859
831	**Noël du Fail**	Propos rustiques, balivernes, etc.	1 vol.	1850
832	**V. Jacquemont**	Récits Espagnols	1 vol.	1870
833		Les Indiscrétions d'un Cocher	1 vol.	1865
834	**Alfred Delvau**	Histoire des Barrières de Paris	1 vol.	1865
835	**Edouard Fournier**	L'esprit dans l'Histoire	1 vol.	1857
836	**Lemercier de Neuville**	Les Courtisanes célèbres	1 vol.	1864
837	**Erckmann-Chatrian**	Histoire d'un Homme du peuple	1 vol.	
838	**Erckmann-Chatrian**	Le Blocus, Episode de la fin de l'Empire	1 vol.	
839	**J. Lazare**	La Légende des rues	1 vol.	
840	**Malherbe**	Poésies	1 vol.	1828
841	**Scribe**	Œuvres choisies	5 vol.	1845
842	**Louis Reibaud**	Jérôme Paturot à la recherche de la meilleure République	4 vol.	1849
843	**Martial Deherrypon**	La Boutique de la Marchande de Poissons	1 vol.	1867
844	**Edgard Poë**	Nouvelles Histoires extraordinaires	1 vol.	1857
845	**François Coppée**	Poésies. — Le Reliquaire. — Intimité	2 vol.	1870
846	**de Stendhal**	Chroniques et Nouvelles	1 vol.	1855
847	**R. Topffer**	Le Presbytère	1 vol.	1852

Nos d'Ordre	NOMS DES AUTEURS	DÉSIGNATION DE L'OUVRAGE	Edition
		ŒUVRES LITTÉRAIRES DIVERSES ANCIENNES ET MODERNES (suite)	
848	**André Chénier**	Poésies. . . . . 1 vol.	1840
849	**Gresset**	Poésies inédites . . . . 1 vol.	1863
850	**Emile Augier**	L'Aventurière, comédie en 4 actes. . . . . 1 vol.	1877
851	**Alcide Dusolier**	Nos Gens de Lettres. . . . . 1 vol.	1865
852	**Eug. Muller**	La Boutique du Marchand de Nouveautés . . 1 vol.	1868
853	**O.-T. Barnum**	Les Blagues de l'Univers . . . . 1 vol.	1866
854	**Chateaubriand**	Le génie du Christianisme suivi de sa défense. 1 vol.	1844
855	**Chateaubriand**	Atala, René, les Abencérages, Voyage en Amérique . . . . 1 vol.	1844
856	**Chateaubriand**	Les Natchez — Description du pays . . . . 1 vol.	1845
857	**Chateaubriand**	Les Martyrs, suivis des remarques . . . . 1 vol.	1845
858	**Le Tasse**	Jérusalem délivrée — Poème . . . . . . 1 vol.	1842
859	**Mme de Lafayette**	La princesse de Clèves suivie de la princesse de Montpensier. . . . . 2 vol.	1815
860	**Alfred Delvau**	Dictionnaire de la Langue verte . . . . . 1 vol.	1866
861	**Capefigue**	Le Cardinal Dubois et la régence de Philippe d'Orléans . . . . 1 vol.	1861
862	**Champfleury**	L'Hôtel des Commissaires-Priseurs . . . . 1 vol.	1867
863	**Marquis d'Argens**	Lettres Juives ou Correspondance philosophique, historique et critique . . . . . . 5 vol.	1742
863 bis	Dons de M. H. Millot, ancien Percepteur	L'Univers illustré — — — 4 vol.	1858 à 1862
863 ter	id id	Le Passe-Temps — — — — 2 vol.	1857 et 1858

Nos d'Ordre	NOMS DES AUTEURS	DÉSIGNATION DE L'OUVRAGE	Edition
		BIBLIOGRAPHIE	
864	**J. Techener**	Bulletin du Bibliophile avec le Catalogue raisonné depuis 1846 jusqu'en 1866 . . . . 17 vol.	
865	**Antoine-Alexandre Barbier**	Dictionnaire des ouvrages anonymes et pseudonymes, notes historiques èt antiques . . . 4 vol.	1806
		JOURNAUX LITTÉRAIRES, REVUES, ETC.,..	
866		Le Figaro illustré, (Années) 1890. 1891. 1892. 1893. 1894. 1895. 1896. 1897. 1898. 1899. 1900. 1901. 1902. 1903. 1904. 1905	
867		Le Monde illustré, (Années 1890. 1891. 1892. 1893. 1894. 1895. 1896. 1897. 1898. 1899. 1900. 1901. 1902. 1903. 1904. 1905	
868		Mémoires de la Société Académique de Saint-Quentin, (Années) Juilt 1875 à Juil. 1876 – à Janv. 1878 – Juil. 1879 à Juil. 1880 – à Juil 1881 – année 1883 – 1888 et 1889 – 1890 – 1891 et 1892. 1893 à 1896 1899 et 1900	
869	H. Dupray & J. Lavée	Album de l'Armée Française. 1 vol.	

N^os d'Ordre	NOMS des AUTEURS	DÉSIGNATION DE L'OUVRAGE	Édition
		Annexes (avec numérotation spéciale)	
1		Mémoires de la Société Centrale d'Agriculture. Collection incomplète, de	1814 à 1849
2		Congrès Central d'Agriculture. 7me Session Paris	1850
3		Le bon Cultivateur de Nancy. Collection incomplète, de	1835 à 1848
4		Annales de la Société Séricicole. Collection incomplète, de	1839 à 1845
5	J. A. Barral	Enquête sur le Crédit agricole	1879 à 1885
6	Guillory aîné	Le Congrès de Vignerons Français 1 vol.	1860
7	C. Morel	Principes d'hort^re pour les Jardins fruitiers et potagers, d'après La Quintinie 1 vol.	1861
8		Congrès horticole 3 brochures	1895-1896
9		Journal de l'Académie d'horticulture. Collection incomplète, de	1831 à 1836
10		Journal de la Société Centrale d'horticulture. Collection très-incomplète, de	1855 à 1863
11		Journal de la Société Centrale d'hort^re. Collection presque complète de 32 années	1864 à 1895
		(Tous ces ouvrages proviennent d'un don de la Société Académique)	
20		Procès-Verbaux des Séances du Conseil Municipal 13 années	1887 à 1899
		1900. 1901. 1902. 1903. 1904. 1905	

TABLE DES TITRES DE CHAPITRES

Saint-Quentin. — Imprimerie du GLANEUR, Place de l'Hôtel-de-Ville, 33.

www.ingramcontent.com/pod-product-compliance
Lightning Source LLC
LaVergne TN
LVHW010058230826
846091LV00005B/1985